Wilhelm Engelbert Giefers

Die Silber-Arbeiten des Warburger Meisters Anton Eisenhoit

Nebst einem Blicke auf die älteste Geschichte seiner Vaterstadt

Wilhelm Engelbert Giefers

Die Silber-Arbeiten des Warburger Meisters Anton Eisenhoit
Nebst einem Blicke auf die älteste Geschichte seiner Vaterstadt

ISBN/EAN: 9783743454125

Hergestellt in Europa, USA, Kanada, Australien, Japan

Cover: Foto ©Thomas Meinert / pixelio.de

Manufactured and distributed by brebook publishing software (www.brebook.com)

Wilhelm Engelbert Giefers

Die Silber-Arbeiten des Warburger Meisters Anton Eisenhoit

Die Silber-Arbeiten
des
Warburger Meisters
Anton Eisenhoit

nebst

einem Blicke auf die älteste Geschichte seiner Vaterstadt.

Von

Dr. Wilhelm Engelbert Giefers,

Professor.

Warburg 1880.

Druck und Verlag von Max Schilv.

Warburg, die südlichste Stadt des Regierungs-Bezirks Minden, vormals die zweite Hauptstadt des Hochstifts Paderborn, ist im vorigen Jahre zu einer besondern Ehre gelangt, indem es in der Mitte desselben in weiteren Kreisen endlich bekannt wurde, daß in ihr einer der ausgezeichnetsten Künstler Deutschlands, der Kupferstecher und Überarbeiter Anton Eisenhoit, in der zweiten Hälfte des 16. Jahrhunderts das Licht der Welt erblickt und dort kunstvolle Werke geschaffen habe, welche alles Ähnliche fast ausnahmslos verdunkeln und bei Kennern allgemeine Bewunderung erregen. Daher dürften Mittheilungen über diesen hochbegabten Sohn Warburg's und über seine äußerst genialen Schöpfungen nicht allein dessen Bürgern sehr erwünscht sein, sondern auch allen gebildeten Bewohnern Westfalens, welches wie seine Vaterstadt auf einen solchen Künstler stolz sein kann. Ehe wir jedoch diese Mittheilungen, meistens nach mehreren jüngst darüber erschienenen Schriften geben, wird's nicht unpassend sein, denselben eine Uebersicht der ältesten Geschichte des Geburtsortes Eisenhoit's vorauszuschicken.

§. 1.

Wer auf der Westfälischen Staatsbahn von Paderborn in's Land der Hessen eilt, dem fällt, wenn er den

Kamm des Eggegebirges hinter sich hat, alsbald ein steile
kegelförmiger Berg in die Augen, dessen Gipfel mit ve
witterten, altersgrauen Ruinen eines uralten Bergschloss
gekrönt ist. Gegen 1200 Fuß erhebt er sich über de
Spiegel der Nordsee, mitten in einer sehr fruchtbaren Eber
„Warburger Börde" genannt, in welcher hie und da Lag
von Basaltsteinen gefunden werden, ein Umstand, d
neben der kegelförmigen Gestalt des Berges den vulkanisch
Ursprung desselben bekundet. Das ist der Desenber
in dessen Innerem der Sage nach Kaiser Carl der Gro
von seinen Siegen ausruhet, um dereinst mit neuer Kr
wieder hervorzubrechen, von dessen Gipfel, der weithin sid
bar ist in der Gegend ringsum, eine ebenso weite
prächtige Aussicht dem Auge sich darbietet.

Die Annahme, daß auf diesem Berge schon zur Z
Carl's des Großen eine Burg gestanden und dieselbe spä
im Besitze des Grafen Dodico sich befunden habe, läßt s
durch nichts nachweisen; einer Burg auf dem Desenber
geschieht zum ersten Male im Jahre 1071 Erwähnu
wo dieselbe dem Grafen Otto von Nordheim gehörte.
liegt außerhalb unseres Planes, die Geschichte des Des
berges hier weiter zu verfolgen; wir wenden uns daher
der Darstellung der Anfänge der am Fuße des genannt
Berges gelegenen Stadt Warburg.

Der Name „Warburg" taucht zum ersten M
aus dem Dunkel der Vergangenheit empor im J. 10
wo er in der alten Lebensbeschreibung des Paderborn
Bischofs Meinwerk erwähnt wird; aber der reizende Pu
im Diemelthale, welchen die jetzt blühende Stadt W

irg einnimmt, war ohne allen Zweifel schon viel früher
wohnt und höchst wahrscheinlich schon in den Tagen
auer Vorzeit, wo das erste Samenkorn des Christenthums
diese Gegend fiel. Mehrere Warburger wollen nämlich
einer aus dem 14. Jahrhunderte stammenden Chronik
s dortigen Dominicanerklosters, welche leider spurlos ver-
wunden ist, die Nachricht gefunden haben, Carl der
roße habe (um das Jahr 780) einen Grafen auf die
urg zu Warburg mit der Weisung gesetzt, sorgfältig dar=
if zu achten, daß die Bewohner dieser Gegend nicht
ener ihre Götzen in dem Haine verehrten, der damals
n Bergrücken bedeckt habe, auf welchem jetzt die Neustadt
arburg sich erhebt.

Obgleich diese Nachricht nicht hinlänglich verbürgt ist,
steht sie doch im Ganzen mit den zuverlässigen Berichten
r gleichzeitigen fränkischen Chronisten im Einklange.
ach ihrer Angabe theilte nämlich Carl der Große, welcher
n christlichen Glaubensboten den Weg in diese Gegend
it dem Schwerte bahnte, das eroberte Sachsenland, in
ssen südlichem Theile jetzt Warburg liegt, in Grafschaften
n und setzte über jede derselben aus den Edelsten des
undes einen Grafen, der im Kriege den Oberbefehl über
e wehrhaften Männer seiner Grafschaft führte und im
rieden die Rechtspflege wahrnahm, die Ordnung aufrecht
hielt, sowie die Ausbreitung und Befestigung des Christenums unter dem wilden Volke schützte, welches bis dahin
laubten Bäumen und hellsprudelnden Quellen in heiligen
ainen göttliche Verehrung erwiesen hatte.

Nun wird Warburg in urkundlichen Nachrichten aus

den Jahren 1010—1020 als der Sitz eines mächtigen Grafen bezeichnet, dem die ganze Umgegend weithin gehorcht. Dazu kommt, daß Carl der Große die Gegend von Warburg auf seinen Zügen durch's Sachsenland mehrmals berührt haben muß; denn nach den Berichten de[r] fränkischen Chronisten treffen wir ihn wiederholt zu Eres[burg], dem heutigen Stadtberg an der Diemel, und [zu] Herstelle an der Weser, welche nicht weit davon die Dieme[l] aufnimmt. Der nächste und bequemste Weg aber vo[n] Stadtberg nach Herstelle führte wenigstens damals eben a[n] der Diemel hinab durch die Gegend, in welcher Warbur[g] liegt. Demnach dürfte die gedachte Warburger Ueberlief[e]rung vollen Glauben verdienen, nach welcher schon Ca[rl] der Große den zwischen der Alt- und Neustadt gelegene[n] Berg, auf welchem noch bis in's 19. Jahrhundert ei[ne] Burg sich erhob, einem Grafen als Wohnsitz anwies, od[er] auch den daselbst schon ansässigen sächsischen Edlen zu[m] Grafen ernannte, damit er von seinem über die Umgege[nd] emporragenden Sitze aus unter Andern über die Au[s]breitung und Befolgung der Lehren des Christenthums wac[he]. Diese Annahme findet selbst im Namen „Warburg", od[er] wie er um das Jahr 1010 geschrieben wurde, „W a r b e r g e", seine Bestätigung; denn „Wartberge" bedeu[tet] nichts Anderes, als einen Berg, auf welchem sich ei[ne] „Warte" erhebt, von der aus die Umgegend übersehen u[nd] beobachtet wird.

§. 2.

Der Graf, welcher um das Jahr 1010 auf d[em] „Wartberge" seinen Sitz hatte, hieß D o d i c o. Als O[rt]

..che in seiner Grafschaft lagen, werden angegeben: ..Helmarshausen; 2. der Reinhardswald; 3. Escheberg; ..Meißer; 5. Stammen; 6. Hümme; 7. Gottesbüren; ..Wedekessen; 9. der Wald bei Siburg (in der Nähe ..n Carlshafen). Aber jene Grafschaft umfaßte einen weit ..ößeren Bezirk, als die gedachten Orte einschließen, wie ..r gleich sehen werden. Da der Graf Dodico nur einen ..ohn hatte und dieser in Folge eines Sturzes vom Pferde ..arb; so gelang es dem Bischofe Meinwerk von Paderborn, ..hon im Jahre 1018, Dodico's Güter zu „Wartberghi" ..Warburg) und an mehreren andern Orten u. a. in Wurm..ahun (Wormeln) und Garametti (Germete) für die Pader..orner Kirche zu erwerben, indem er dem Grafen die ..ebenslängliche Nutznießung der Güter der Paderborner ..Kirche in folgenden Orten überließ: 1) Desburg (Dase..burg); 2. Astnederi, Westnederi (Lütgen- und Großeneder); 3. Dalpauhusen (ausgegangener Ort südlich von Große..neder); 4. Duerium; 5. Ustahun (Usseln?) 6. Rasbiki ..(Rösebeck); 7. Silebem (ausgegangener Ort bei Warburg); 8. Wepplithi (Hohenwepel). Nach dem im Jahre 1020 ..erfolgten Tode Dodico's wußte der Bischof es dahin zu ..bringen, daß der Kaiser Heinrich II., Meinwerk's Ver..wandter, demselben Stifte im folgenden Jahre (1021) die ..Grafschaft Dodico's im sächsischen Hessengau, Nethegau und ..Ittergau schenkte. Sicher umfaßte die erwähnte Grafschaft ..diese drei Gaue nicht ganz, sondern nur Theile derselben; ..aber es geht aus den Worten der betreffenden Urkunde ..hervor, daß sich Dodico's Grafschaft nach Norden bis in ..e Gegend von Dringenberg (im Nethegau) erstreckte und nicht allein den ganzen Kreis Warburg, sondern auch den nördlichen Theil des ehemaligen Churfürstenthums Hessen sowie des Fürstenthums Waldeck (Ittergau) einschloß.

In Folge dieser Schenkung kam Warburg mit seiner Umgebung später allmälig als weltliches Gebiet in den Besitz des Bischofs von Paderborn, dessen geistliche Amts= gewalt schon seit den Tagen Carl's des Großen über diese Gegend sich erstreckt hatte. Die Bewachung und Beschützung der alten Grafenburg auf dem Wartberge wurde nach Dodico's Tode vom Bischofe mehreren Rittern anvertraut, wahrscheinlich sechs, da sich wenigstens in späterer Zeit auf der Warburger Burg sechs Rittersitze befanden.

Da eine stark befestigte Burg an einem so günstig gelegenen Orte der ganzen Gegend in Zeiten des Krieges und der Gefahr Schutz und Schirm gewährte, so konnte es nicht fehlen, daß sich schon früh, wahrscheinlich schon seit Carl's des Großen Zeit, unter der Burg des Wartberger Grafen einzelne Bewohner der Nachbarschaft ansiedelten, und sich in dessen Schutz begaben, indem Einige als Voll= freie sich dort niederließen, Andere dem Grafen ihr Besitz= thum als Eigenthum übergaben, welches sie dann als Lehen zu lebenslänglicher Nutznießung zurück erhielten. Je unsicherer und gefährlicher die Zeiten wurden, desto mehr suchten die auf zerstreuten Gehöften lebenden Landleute den Schutz einer Burg, desto größer wurde die Zahl der Ansiedler unter dem Wartberge. Das dürfte namentlich der Fall gewesen sein im Anfange des 10. Jahrhunderts, wo das wilde, räuberische Volk der Ungarn wiederholt in Deutsch= land einbrach und auch Westfalen heimsuchte. Mord und

ab und eine schauderhafte Verwüstung der von ihnen
[auf]gesuchten Landstriche bezeichneten ihren Weg, und der
[S]chrecken ihres Namens ging weit vor ihnen her, so daß
[der] damalige deutsche König Heinrich I., um ihnen nicht
[alles] preiszugeben, eine Menge fester Burgen anzulegen
nothwendig hielt, wohin sich die Bewohner des flachen
[Lan]des zur Zeit der Gefahr flüchten könnten. Damals
[mö]gen sich auch viele Bewohner der Diemelgegend von ihren
[ein]zeln und zerstreuet liegenden Gehöften in die Nähe der
[Bu]rg auf dem Wartberge geflüchtet und dort ihren blei-
[ben]den Wohnsitz aufgeschlagen haben.

§. 3.

Doch ungleich mehr, als durch die Ungarn und andere
[aus]wärtige Feinde, wurden die Bewohner des offenen Landes
[dur]ch einheimische Friedensstörer, nämlich durch die Raub-
[rit]ter gezwungen, die Nähe einer schützenden Burg zu suchen;
[un]d deshalb sind (nicht erst im dreißigjährigen Kriege, wie
[ge]wöhnlich angenommen wird,) sondern schon zur Zeit des
[Fa]ustrechts, welches in Deutschland vom 12.—15. Jahr-
[hu]ndert bald mehr, bald weniger herrschte und Gut und
[Le]ben der Wehrlosen gefährdete, eine Reihe von Ortschaften
[in] der Warburger Feldmark spurlos verschwunden, deren
[La]ge sich nur noch aus den Namen der Feldfluren hie
[un]d da erkennen läßt. Es sind namentlich folgende:

1. **Molhausen**, ¼ Meile östlich von Warburg
[im] Diemelthale. Das aus der Neustadt Warburg nach
[Ca]ssel führende Thor wird noch gegenwärtig wohl das
„Kolhauser" genannt.

2. **Ostheim**, weiter östlich in der Richtung nach dem Desenberge gelegen, in Urkunden gewöhnlich bezeichnet als „Ostheim unter dem Desenberge". Die Warburger besitzen dort noch Aecker

3. **Silheim**, westlich vom Desenberge in der Richtung nach Ossendorf; das „Silheimer Feld" und „Silheimer Siek" (am sogenannten Hungerquell) bezeichnen in der Warburger Feldmark die Stelle dieser Ansiedlung.

4. **Butelsdorp**, auch Botelstorp oder Bustorp genannt, zwischen Warburg und Dössel. Das nach Dössel führende Thor auf der Neustadt heißt das „Bustorper", in der trägen Aussprache des Volkes aber Busper-, Bisper-Bisper-Thor.

5. **Papenheim** Kirchdorf, in westlicher Richtung, unweit der Straße, die von Warburg nach Menne führt war der Sitz eines oft genannten Rittergeschlechts.

6. **Rotheim**, am Wege, der von der Warburg-Ossendorfer Straße nach Germete abbiegt, unter dem Peideberge. Das Feld heißt noch das „Rotheimer"

7. **Rodwardeshusen**, auch Redwardessen genannt, lag im Altstädter Felde unweit Calenberg.

8. **Holzhausen**, der Stammsitz der Edelherren von Holzhausen, genannt Bierkule, in dem Thale, das sich von Calenberg nach der Diemel herunter zieht, und unweit des Weges, welcher aus der Altstadt durch dieses Thal nach Herlinghausen führt.

§. 4.

Die Bewohner aller dieser, der Raubsucht der Ritter fortwährend ausgesetzten, Ortschaften sind nach und nach,

s der einen früher, aus der andern später, nach War-
rg gezogen. Auf diese Weise geschah es, daß bis zum
. Jahrhunderte allmälig ganze Reihen von Häusern und
itten am Fuße des Wartberges entstanden, deren Be-
hner allmälig so zahlreich wurden, daß sie bei
brechender Gefahr nicht mehr alle Schutz in den engen
iumen der Burg finden konnten, obschon deren Be-
tigungswerke einen ziemlich großen Raum einschlossen.
: gestattete ihnen der Bischof von Paderborn als Be-
er der Grafschaft und der Burg, ihr späterer Landes-
er, den bewohnten Platz unter der Burg mit Mauer, Graben
b Wall zu umgeben und mit der Burg in Verbindung
setzen. Auf diese Weise entstand die Altstadt Warburg.
ie Bewohner wurden von der Verpflichtung befreiet, im
augerichte außerhalb der Stadt zu erscheinen; der Bischof
b ihnen einen eigenen Richter (comes civitatis) sowie die
efugniß, sich eine eigene Obrigkeit zu wählen, ihre Ange-
genheiten selbst zu ordnen, sich selbst Gesetze zu geben,
ıb andere Privilegien. So erhielt der Ort Stadtrecht
d aus dem frühern Dorfe wurde eine S t a d t. Als
lche erscheint Warburg zwar erst in einer Urkunde, welche
n das Jahr 1186 ausgestellt ist; aber es ist wenigstens
r wahrscheinlich, daß dem Orte schon um ein halbes
ahrhundert früher Stadtrecht verliehen war. Warburg
tte Dortmunder Recht und es stand dort, wie in Pader-
rn, ein comes civitatis an der Spitze der Verwaltung.

Aber nicht allein am Fuße des Berges, auf welchem
e alte Burg sich erhob, sondern auch auf dem an der
ordseite derselben sich hinziehenden kurzen Bergrücken ließen

sich Landleute aus der Nachbarschaft nieder, gelockt durch den Schutz und leichten Erwerb, den Burg und Stadt boten. Auch hier auf der Höhe erheben sich allmälig Reihen von Häusern und Hütten; ihre Bewohner zeichneten sich durch Ergebenheit und Treue gegen den Bischof Simon I. von Paderborn aus; daher gab ihnen dieser die Erlaubniß, ihren Wohnsitz mit Mauern und andern Befestigungswerken zu umgeben, und so bildete sich aus den Ansiedelungen auf der Höhe nach und nach die Neustadt, wie aus den im Thale gelegenen die Altstadt hervor gegangen war.

Die Neustadt Warburg bestand schon vor der Mitte des 13. Jahrhunderts als Stadt; denn im Jahre 1256 hob Bischof Simon I. bereits die Verschiedenheit der Rechte und Gewohnheiten in den beiden Städten Warburg auf, und nach dem Alter der Neustädter Kirche darf man annehmen, daß die Neustadt schon kurz nach dem Jahre 1200 gegründet ist; denn alle Details der (mit Ausnahme des Chores und des Thurmes) im sog. Uebergangsstile erbauten Kreuzkirche, bekunden, daß diese dem ersten Viertel des 13. Jahrhunderts ihre Entstehung verdankt; und eine Kirche von solcher Ausdehnung konnte nur von einer ebenso wohlhabenden als zahlreichen Gemeinde geschaffen werden. Eine eigentliche Befestigung scheint jedoch die Neustadt erst nach dem Jahre 1260 erhalten zu haben, in welchem der Bischof Simon von Paderborn erlaubte, die Neustadt mit der Altstadt durch eine Mauer in Verbindung zu setzen und dieselbe durch nothwendige Befestigungswerke ringsumher zu befestigen und zu umgeben.

Beide Städte, die Alt- und Neustadt „Wartberg",

leich unmittelbar neben einander gelegen, und seit dem
Jahre 1260 durch Mauern mit einander zu einem befestigten
Platze verbunden, waren doch auch durch eine Mauer,
welche an der Nordseite des Closters auf das alte Rath-
haus zuläuft, streng von einander geschieden und bildeten
zwei verschiedene Gemeinden in kirchlicher wie in politi-
scher Beziehung, deren jede ihre eigene städtische Obrigkeit
und Verwaltung hatte, bis sie sich im Jahre 1436 durch
den „groten Bref" zu einer Stadtgemeinde vereinigten.

§. 5.

Das erste christliche Kirchlein erhielt Warburg als
Sitz des Grafen ohne Zweifel früher, als irgend ein Ort
der Umgegend und zwar zu derselben Zeit, wo der erste
tolingische Graf auf dem Wartberge seinen Sitz aufschlug.
Diese innerhalb der Ringmauer der Burg errichtete Burgcapelle ward zugleich Pfarrkirche für die Bewohner der
Burg und die wenigen Ansiedler in unmittelbarer Nähe.
Sie war dem h. Andreas geweihet und deshalb wurde
auch im Jahre 1010 der Bischof Meinwerk vom Grafen
Dodico am Feste des h. Andreas (Patronatsfeste) zum
Gastmahle eingeladen. Als später die Zahl der Bewohner
der Burg und ihrer nächsten Umgebung sich bedeutend ver-
mehrte, wurde in der Mitte des 12. Jahrhunderts eine
größere St. Andreaskirche aufgeführt, die ohne Zweifel an
derselben Stelle gestanden hat, welche die jetzt noch be-
stehende Burgcapelle einnimmt. Diese besteht nämlich aus
zwei Capellen über einander, von denen jedoch die obere
viel jünger ist, als die untere, tief im Boden liegende;

denn die letztere gehört der Mitte des 12. Jahrhunderts an und zerfällt durch zwei Reihen von Säulen kryptenartig in drei gleich hohe und gleichbreite Schiffe. Der Chorraum schließt in ganzer Breite der Schiffe als Apsis und wird gleich den Schiffen, durch Kreuzgewölbe mit Quergurter bedeckt. Ringsum an den Umfassungsmauern entsprechen Halbsäulen als Gewölbträger den freistehenden Säulen. Diese haben sämmtlich schlanke Verhältnisse, kaum merkliche Verjüngung und kubische, unverzierte Capitäle. Die Fenster sind klein, rundbogig. Zur oberen Kapelle steigt man an einer doppelten Freitreppe an der Westseite auf. Sie ist in gothischer Zeit mit Kreuzgewölben versehen worden, deren Rippen auf Consolen ruhen. Das Aeußere ist in der Renaissancezeit durch Pilaster geschmückt worden. Patron der ganzen Kapelle ist der h. Erasmus.

Da haben wir also zwei Capellen über einander welche jedoch keine Doppelcapelle in dem hergebrachten Sinne sind; sonst müßten sie aus derselben Zeit stammen und in anderer Weise mit einander in Verbindung stehen. Wie ist diese auffallende Erscheinung zu erklären? Eine Urkunde im Stadtarchive zu Warburg aus dem Jahre 1428 gibt darüber Auskunft. Das Wesentlichste derselben lautet: „Wy Herman von dem Berg und Hans Lentzinges, Richtelüde .. bekennen . . . , dat wy rechten Copes hebbet verkofft und verkopet in düssem breve dem bescheden Prester Hern Corde Drewoge, Rectoren sancti Erasmi Altars, gelegen in der Kluft sünte Andreas Kerken up der Borg tho Wartberg" ꝛc. Daraus ergibt sich, daß der untere Theil der jetzigen Erasmuscapelle ehemals die Krypta

Kluft") der St. Andreaskirche bildete und daß, als die ltere abgebrochen wurde, in der Zeit der Herrschaft des thischen Stils eine andere Capelle über der alten „Kluft" bauet wurde, um diese zu erhalten.

In den ersten Zeiten nach der Einführung des Christenums reichte die Andreaskirche allein für die geringe Zahl r Gläubigen auf dem Wartberge und in der Nachbarjaft aus; je mehr Bekenner aber das Christenthum in eser Gegend gewann und jemehre derselben ihre zerstreuet genden Gehöfte verließen und um die Schutz gewährende urg auf dem Wartberge ihre Hütten aufschlugen; desto ehr Kirchen wurden hier auch nöthig, so daß wir gegen nde des 13. Jahrhunderts mit Einschluß der Andreaskirche ier Pfarrkirchen in Warburg finden. Damals ließ nämch der Bischof Otto von Paderborn Mitglieder des Dominicaner-Ordens nach Warburg kommen und verkaufte nen im Jahre 1283 zur Gründung eines Closters „für infzig Mark den Grund und Boden, welcher gelegen ist vischen der Mauer der Neustadt und der Mauer, wodurch er Ort Berna von der Altstadt getrennt wird, sowie vischen dem Wege, welcher aus dem nach Berna hin gegenen Thore führt, bis zum Kirchhofe der Kirche b. Mariae 1 vinea (Maria im Weinberge) und so um den Kirchhof erum bis zum Wege zum westlichen Theile des Kirchhofs nd außerdem den Pfarrhof und andere zur genannten lirche gehörende Plätze".

Nachdem der Bischof im Jahre 1286 dazu die päpstche Genehmigung eingeholt hatte, übergab er im März eselben Jahres den Dominicanern auch die Altstädter

Pfarrkirche s. Mariae in Vinea, welche an der Stelle der jetziger Closterkirche stand, mit den Glocken, Kelchen, Paramenter und anderen Kirchengeräthen nebst dem Kirchhofe, weil de: Pfarrer derselben eine zu kärgliche Einnahme habe. Di altstädter Pfarrgemeinde sollte mit der neustädter vereinig werden, deren Kirche dem h. Johannes dem Täufer geweihet ist.

Dieses Verfahren des Bischofes rief bei den Bewohnern der Altstadt allgemeinen Unwillen hervor, und das schein ebenso verzeihlich, als natürlich, wenn man erwägt, daß von nun an die Bewohner der älteren Stadt zum Gottes dienste in die Neustadt den steilen Berg hinaufklimmen sollten, wenigstens an bestimmten Tagen; denn der Besuch der alten, den Dominicanern geschenkten Pfarrkirche wurd ihnen noch fernerhin gestattet. Erbittert über diese Zu muthung, wandten sich die Altstädter mit einer Beschwerd gegen den Bischof an's Domcapitel; doch der Bischof ließ sich nicht irre machen, gab seinen Burgmännern auf de Burg, drei Rittern von Spiegel, den Befehl, die Domini caner in den Besitz des ihnen Ueberwiesenen zu setzen un beauftragte den Burgpfarrer, den Widerspänstigen kirchlich Strafen anzukündigen. Das bringt jedoch die nicht unbe gründete Erbitterung der Altbürger vollends zum Ausbruche unter dem Schalle der Sturmglocken stürmen sie im J. 128 heran und jagen die Dominicaner aus Closter, Kirche un Stadt. Da aber bringt der Bischof seine frühere Drohun zur Ausführung und verhängt über den Pfarrer Arnold den Bürgermeister der Altstadt und vier und zwanzig Bürger welche an jener Gewaltthat Theil genommen hatten, sow

…er alii filii iniquitatis eorum in hac parte complices (andere Theilnehmer) die Excommunication, welche er in allen Kirchen der Diöcese publiciren ließ.

Diese Strafe hatte den gehofften Erfolg; denn einige Wochen später unterwarfen sich die Altstädter; sie erhielten auch ihre Kirchengeräthe nebst den Glocken zurück und der Bischof versprach, wenn die Bürger bald eine Kirche innerhalb der Altstadt bauen wollten, dieselbe zu Ehren der h. Jungfrau Maria zu weihen sowie derselben einen Kirchhof zu geben, alles ohne Unkosten der Parochianen. Bis zur Vollendung der neuen Kirche wurden die Altstädter zur St. Petri-Kirche in der Vorstadt Huffra gewiesen, welche östlich von der Burg auf der Höhe lag, die jetzt noch "Düffert" genannt wird.

§. 6.

Der Kirchenbann wurde nun vom Bischofe aufgehoben und den Altstädtern für einen geringen Preis ein bischöflicher Hof an der Nordseite der Altstadt überlassen, auf dem sie eine Kirche erbaueten, welche, im Jahre 1299 sub titulo Visitationis beatae Mariae Virginis eingeweihet, von da an Pfarrkirche der Altstadt wurde und noch heute steht, im Ganzen in ihrer ursprünglichen Gestalt erhalten.

Werfen wir auf das Gesagte einen flüchtigen Rückblick, so ergibt sich aus der vorstehenden, auf Urkunden beruhenden, Darstellung zunächst, daß gegen Ende des 13. Jahrhunderts innerhalb der Mauern beider Städte Warburg 2 Pfarrkirchen bestanden, nämlich auf der Burg die Andreaskirche für die Burgleute, in der Altstadt die Kirche

s. Mariae in Vinea, an deren Stelle seit 1299 die Marienkirche in der Altstadt trat, und auf der Neustadt die Kirche s. Johannis bapt. Außerhalb der Stadtmauern in der Vorstadt Hussra bestand die St. Petrikirche, neben welcher sich ein bedeutendes Hospital erhob. Die St. Andreas-Kirche auf der Burg wird noch gegen Ende des 16. Jahrhunderts erwähnt und die St. Peterskirche neben der Andreaskirche in einem Archidiaconats-Verzeichnisse aus dem 15. Jahrhunderte.

Was das Alter dieser vier Kirchen betrifft, so leidet es keinen Zweifel, daß die Burgkirche die älteste war, und ebenso wenig zweifelhaft ist es, daß die Kirche s. Mariae in Vinea zunächst nach jener entstanden ist; denn Niemanden wird es einfallen zu behaupten, die Neustadt habe früher eine Pfarrkirche erhalten, als die Altstadt. Die St. Petrikirche darf unzweifelhaft als die jüngste betrachtet werden, da die Vorstadt Hussra sicher jünger ist, als eine der beiden Städte.

Wollte nun Jemand die Frage aufwerfen, welchem der beiden Pfarrer der Vorrang gebühre, dem der Altstädter oder dem der Neustädter Kirche; so würde derselbe offenbar dem Letzteren zuzusprechen sein, wenn das Alter der Kirche, d. i. des Gebäudes, hier maßgebend sein könnte; denn der älteste, größere Theil der Neustädter Kirche gehört dem Anfange des 13. Jahrhunderts an, während die Altstädter erst gegen Ende des 13. Jahrhunderts entstanden ist. Aber nicht das Alter des Gotteshauses sondern das der Pfarre bestimmt den Vorrang. Nun ist aber die Altstädter Pfarre die älteste nach der Burgpfarre und wenn man ihr auch ihre Kirche im Jahre 1283 entzogen und die Parochianen bis zur Vollendung der neuen Pfarrkirche zu einer andern gewiesen hat; so hat sie doch nicht allein ihren frühern Umfang behauptet, sondern denselben sogar erweitert, indem ihr im 16. Jahrhunderte der Bezirk der ältesten Pfarre, nämlich der Burgpfarre, einverleibt und damit zugleich der Rang derselben übertragen wurde.

Anton Eisenhoit,

Kupferstecher und Silberarbeiter aus Warburg.

§. 7.

Die Ausstellung westfälischer Alterthümer und Kunsterzeugnisse, welche in der Mitte des verflossenen Jahres von dem „Vereine für Geschichte und Alterthumskunde Westfalens" zur Feier seines fünfzigjährigen Bestehens zu Münster veranstaltet wurde, hat nicht allein den Beweis geliefert, daß das „Land der rothen Erde" noch reich an alten Kunstschätzen jeder Art ist, sondern auch einen alten westfälischen Künstler ersten Ranges an's Licht gezogen, von welchem bisher kaum viel mehr als sein Name bekannt war, nämlich den Silberschmied Anton Eisenhoit aus Warburg. Allerdings kannte man schon einige von ihm geschaffene Kupferstiche, welche jedoch den Künstler als gar nicht bedeutend erscheinen ließen. Als aber sechs kirchliche Silbergeräthe aus der Schatzkammer des Grafen von Fürstenberg zu Herdringen bei Arnsberg in der erwähnten Ausstellung zuerst an's Licht traten, erregten sie bald die öchste Theilnahme aller künstlerischen und gelehrten Besucher, deren einstimmiges Urtheil dahin lautete, daß man es hier „mit einem der hervorragendsten Meister seines Faches und mit Schöpfungen zu thun habe, welche alles Aehnliche fast ausnahmslos verdunkeln."*) Ueber das Leben und Schaffen des hochbegabten Künstlers, „der vollständig so hoch steht, wie jener hochberühmte Florentiner Benvenuto Cellini), um den die Päpste und die Könige von Frankreich sich stritten," **) haben sich nähere Nachrichten bis heute nicht auffinden lassen.

Eine Familie Namens Eisenhoit, welche sich damals Iserenhoit nannte, war schon wenigstens im Jahre 1443 zu Warburg ansässig. Ueber diese Familie haben sich folgende urkundliche Nachrichten erhalten:

1443. Diederich Isernhodes, Bürger zu Warburg, und seine Frau Psye stellen einen Schuldschein aus, worin sie ihr Haus in der Neustadt Warburg, das sie bewohnen, nebst dazu gehörendem Grundbesitz verpfänden.

1453. Cord Wunenberg, Bürger zu Warburg, leihet ein Kapital auf sein Haus in der Neustadt Warburg, das neben dem Hause Hans Ysernhodes liegt.

1496. Liborius Koner, wohnhaft auf der Burg zu Warburg, erhält von den geistlichen Vätern und Brüdern Johan Ysernhod, Prior, und Johan Nichtman, Supprior, und dem ganzen Convente des Klosters zu Warburg St. Dominicus-Ordens ein Darlehn.

---

*) Königl. Preußischer Staats-Anzeiger Jahrg. 1879. Nr. 181.
**) Westermann's Monatshefte 1880, Januar S. 483.

1509. Johan Yserenhoid, Prior des Dom
Klosters zu Warburg, erhält für sein Kloster von D. Rei
hard von der Malsburg, jährlich ein halbes Fuder Bren
holz aus den Malsburgischen Wäldern holen zu lasse
wofür das Kloster jährlich eine Memorie für die v. d. Mal
burg halten muß.

1513. Hermen Ysernhodes ist Zeuge in eine
Schuldscheine des Hermen Gyselman, Bürgers zu Warbu
(Aus Fahne, Geschichte derer von Bochholtz 1. Bd. 1. Abt
S. 153 Nr. 54.)

1540. In einer Urkunde vom 7. Jan. 1540 werd
u. a. 6 Malter Korn aus Ulrich Isernhodes Hau
in Warburg vergeben.

1546. Johann Münstermann, Bürger zu Warbu
leihet ein Kapital auf sein Haus in der Neustadt Warbu
das neben dem Hause Thepel Isernhoids liegt.

1553. Jasper Ihernhoid, Bürger zu Warbu
leihet ein Kapital auf sein Haus und seinen Grundbe
in der Altstadt Warburg.

1553. Decbr. VI. Daler. Mester Mathias hat Schul
zu Borentrike, die Jene bekumert von Jasparen Iser
hots und Böggers wegen, die des ortz auch schuldig sei

1556. Freitags nach Oculi. Es steht der Na
Tondes Isernhoit am Rande neben einer Klagesad

1560. Freitags nach Antonii. Berendt Isernho
ist nebst einigen Anderen Bürge in einem Vertrage.

1560. Herboldt Isernhoit, der 12. ⎫ im Rath
1562. Herboldt Isernhoit, „ 9. ⎬ zu Warbu
1564. Herboldt Isernhoit, „ 6. ⎭

1562. Johan Isernhoit und Henrich Hertogs haben als Bevollmächtigte ein Haus in der Altstadt Warburg verkauft.

1564. In einer Klage wird des Tepeln Isernhodes Hausfrau erwähnt. Sie ist, wie es scheint, derzeit bereits verstorben.

1567. Joist Isernhoit, Ilsa uxor.

1568. Berent und Tepel Isernhodes sind vor den Rath gefordert.*)

Der hier genannte Prior Joh. Iserenhod soll in Nachrichten über sein Kloster aus dem Ende des vorigen Jahrhunderts früher als "Johannes aurifabri, sacerdos" aufgeführt sein; aber das ist nicht wahrscheinlich, da "Isernhod" lateinisch nicht aurifaber und dieses zu Deutsch "Goldschmed" heißt. Dazu kommt, daß allem Anscheine nach im J. 1553 nur ein "Goldschmed" Namens Borchard Rolff in Warburg lebte und also keiner Namens Iserenhod.

Daß unser Meister dieser Familie angehörte, beweist der Umstand, daß er sich einmal "Iserenhodt" genannt hat, obgleich gewöhnlich "Eisenhoit." Er wurde zu Warburg geboren im Jahre 1554; denn einer seiner Kupferstiche mit der Jahreszahl 1603 enthält die Worte: Antonius Erenhodt, Warburgensis, aetatis suae (anno) 49, inventor, sculpsit et excudebat (Von Anton Eisenhut, aus (oder zu) Warburg im 49. Jahre seines Lebens gezeichnet, gestochen und gedruckt.) Damit stimmt überein, was ein

---

*) Herrn Rendanten Karl Ahlemeyer zu Paderborn für die gütige Mittheilung dieser mit großer Mühe gesammelten urkundlichen Nachrichten sowie anderer Bemerkungen meinen herzlichen Dank.

Warburger Alterthumsforscher, der wahrscheinlich genaue Nachrichten besaß, im J. 1846 publicirte:

„Anton Jserenhod, ein berühmter Kupferstecher ward gegen die Mitte des 16. Jahrh. zu Warburg in der Altstadt geboren; sein Vater Caspar Jsernhod war daselbst ein begüterter Bürger und besaß in der Wullenweber- oder Bernardistraße zwei Häuser. Nach vollendeter Schulbildung legte er sich mit allem Fleiße auf die Kupferstecher-Kunst, die er in Cassel erlernt und sich demnächst soweit darin ausgebildet hatte, daß er unter die ersten Künstler seiner Zeit gezählt werden durfte. Warburg, 12. März 1846 (Warburger Kreisblatt, 1846 Nr. 12.) R. L. R."

Als Kupferstecher tritt Anton Eisenhoit schon sehr früh auf und war als solcher auch schon längst bekannt; denn Michael Mercati sagt in seinem Werke Metallotheca, das in den J. 1576—1590 entstand, (S. 229): „Von den hohen Leistungen des Antonius Eisenhout aus Warburg, eines ausgezeichneten jungen Künstlers, den ich schon seit mehreren Jahren als Zeichner und Stecher beschäftige, werden die Bilder dieses Werkes Zeugniß ablegen." Ueber seinen Bildungsgang ist weiter nichts bekannt; wahrscheinlich hat er seine weitere Ausbildung in Rom erhalten, wo er auch zahlreiche Stiche für Michael Mercati anfertigte, die vorwiegend Darstellungen naturwissenschaftlicher Gegenstände sind, namentlich Abbildungen von Mineralien, welche „sich durch die sorgfältigste Ausführung und große Schärfe auszeichnen." Außerdem schuf A. Eisenhoit in Rom und zwar im Jahre 1581 einen

…upferstich in sehr großem Format, ein Portrait des Papstes …regor XIII.

Im Jahre 1585 finden wir unsern Meister wieder … Deutschland thätig, wo er nach und nach, soviel bis jetzt …annt geworden ist, 38 größere und kleinere Kupferstich… …atten anfertigte, und zwar aller Wahrscheinlichkeit nach …einer Vaterstadt Warburg; denn der erste nach seiner …ehr geschaffene Stich ist ein Portrait des „Caspar …üßper, genannt Mitikling" mit der Jahreszahl 1585. … „Schügsper" wird „Schutzbar" und „Milchling" statt …itikling" zu lesen sein; denn eine Familie „Schutzbar …annt Milchling" wohnte (nach C. Ahlemeyer's Mit… …ung) im Hessenlande, welches im Süden an die War… …ger Feldmark grenzt. Der zweite Stich mit derselben …reszahl gibt ein Portrait des Henrich Westphal, der …als Schultheiß, später Bürgermeister zu Paderborn … (Ahlemeyer). Unserer Annahme, daß diese beiden …he zu Warburg geschaffen sind, steht keineswegs der …stand entgegen, daß der dritte, „Allegor.-Gestalt der …zerei." Hæresis deo, Figur mit einem Drachen in reicher …enischer Landschaft", die Inschrift enthält: Primitiæ Antonii Eisenhoit data Warbergæ Paderbornensium …9; denn (nach Ahlemeyer's Ansicht) ist durch Primitiæ …stlingswerk) ausgedrückt, daß dies sein erster in Italien …affener Versuch sei, was man auch aus der „italienischen …dschaft" schließen müsse, den er später (1589) in War… … vollendet und herausgegeben habe. Daß dem so … beweiset auch das beigefügte Wort data (herausge… …n); denn Warbergæ (zu Warburg) reichte ohne data

vollkommen aus, wenn der Künstler nicht hätte ausdrück
wollen, daß diese Primitiæ anderswo geschaffen, aber
Warburg „herausgegeben" seien.

Wir halten es für unzweckmäßig, hier auch die übrig
Kupferstiche A. Eisenhoit's anzuführen, unter welchen
Portrait des Mainzer Raths Leop. Strahlendorff und
Bibliotheks-Zeichen des Fürstbischofs Theodor von Fürst
berg, welches die oben angegebene lateinische Inschrift e
hält, die vorzüglichsten sind. Jenes bezeichnet Profes
Dr. Julius Lessing als einen „Stich von hoher Schönhe
und in beiden Blättern, sagt derselbe, „erkennen wir uns
Meister auch innerhalb der Stecherkunst auf der künstlerisc
Höhe, welche wir an seinen Silberarbeiten bewundern."

Eisenhoit's Silberarbeiten sind nämlich viel bedeut
der, als seine Kupferstiche. Bis jetzt sind nur sechs
ihm in Silber ausgeführte Werke, wie schon bemerkt wur
an's Licht gekommen, welche sämmtlich dem Grafen
Fürstenberg zu Herdringen gehören und sich früher in
Kapelle auf dem Schnellenberge bei Attendorn befand
einem Schlosse, welches Kaspar von Fürstenberg, der Bru
des Fürstbischofs Theodor, mit großem Kosten-Aufwa
erbaute. Daher hat man vermuthet, Bischof Theodor h
für jene Kapelle diese sechs kunstvollen Geräthe anfertig
lassen. Aber es befindet sich unter denselben ein Pon
ticale romanum d. i. jenes Kirchenbuch, welches die Bischö
bei den kirchlichen Funktionen gebrauchen, welche ihr
allein vorbehalten sind, und das demnach für eine Schlo
kapelle höchst überflüssig war. Ferner ist in den vom Pr
Pieler in Arnsberg herausgegebenen „Tagebüchern Caspa

Fürstenberg" erst im Jahre 1599 die Rede von „meine
elle zum Schnellenberg" (S. 180) und erst am 14. Febr.
) erhält Kaspar „von meinem gnädigen Fürsten und
en von Paderborn Nachricht, ich soll die Capell ufm
nellenberg fürstlich bauwen." (S. 183.) Nun zeigen
 zwei der sechs Geräthe eine frühere Jahreszahl, der
ch 1588, und das Crucifix 1589, wo an den Bau einer
pelle zu Schnellenberg noch nicht gedacht wurde. Patron
 Capelle zu Schnellenberg ist St. Georg, der auf keinem
 sechs Werke erscheint, was doch sehr auffallend sein
rde, wenn sie gleich anfangs für jene Kapelle bestimmt
vesen wären. Ziehen wir endlich in Betracht, daß weder
 den Tagebüchern Caspar's v. Fürstenberg von diesen 6
chtlichen Geräthen irgendwo die Rede ist, obgleich andere
rühmt sind, noch eine andere Ueberlieferung sich erhalten
t, woraus sich schließen ließe, daß dieselben gleich ursprüng-
ch für besagte Kapelle bestimmt gewesen seien; dann ge-
innt die Annahme die größte Wahrscheinlichkeit, daß der
rzbischof, wie des „Pontificale", so auch die übrigen fünf
 eisterwerke zu seinem eigenen Gebrauche, nämlich
r seine Schloßkapelle zu Neuhaus anfertigen ließ,
nd daß dieselben erst nach seinem Hinscheiden in die Schloß-
pelle zu Schnellenberg kamen, wo seine Erben damals
ren Wohnsitz hatten und Kostbarkeiten am sichersten auf-
hoben waren.

Drei der in Rede stehenden sechs Kunsterzeugnisse sind
it dem Namen des Antonius Eisenhoidt Warburgensis
el als seine Arbeit bezeichnet; die drei übrigen sind durch
 Herkommen sowie durch die Arbeit selbst als Eisenhoit's

Schöpfungen unzweifelhaft charakterisirt, wie Dr. Lessin
meint; Dr. W. von Lübke dagegen ist der Ansicht, das Rauc
faß sei nicht von Eisenhoit gemacht. Alle sechs sind mit de
Namen, Wappen und Portrait Theodor's von Fürstenbe
bezeichnet. Es sind folgende:

§. 8.

1. Zwei silberne Schmuckdeckel, welche den Lederei
band eines Buches (Pontificale romanum) bedecken. Jed
derselben, 14³/₈ Zoll hoch und 10 Zoll breit, ist aus ein
Silberplatte getrieben und durch silberne, glatte Falzen a
Deckel des Buches befestigt. Die Vorderseite enthält
dem hohen Mittelfelde den Hohenpriester Aaron als Symb
des alten Testamentes; derselbe ist in vollem Schmuc
mit einem Weihrauchsfasse in der Hand dargestellt. D
Hintergrund bildet eine felsige Landschaft, Sinai, in welch
in kleinen Figuren Moses, der von einem Engel geleite
die Gesetztafeln vom Berge herab bringt, und der Tanz u
das goldene Kalb, welches auf einer hohen Säule stel
in einer äußerst graziösen Behandlungsweise dargestellt sin

In den Nischen der Seitenpilaster stehen in voll
Gestalt die vier Kirchenväter in bischöflicher, malerisch dr
pirter Tracht,, ohne besondere Abzeichen und nur dur
die Unterschriften: Augustinus, Jeronimus, Ambrosius, Gr
gorius kenntlich gemacht. Den oberen Abschluß bildet ei
Schrifttafel: „Pontificale Romanum", welche von zwei schwe
benden, langbekleideten Engeln in lebhafter Bewegung g
halten wird. Darunter sitzen zwei nackte Engelknaber
Den untern Abschluß bildet das Wappen des Fürstbischo
Theodor von Fürstenberg in einer Einrahmung von pha

stischen Thieren und gehalten von zwei sitzenden, stark bewegten weiblichen Engelsfiguren in leichter Bekleidung.

Die Rückseite enthält in der Mitte die Gestalt des [Pa]pstes, als Symbol des neuen Testaments, knieend in [rei]ch ornamentirtem Mantel; die dreifache Krone liegt [ne]ben ihm auf einem Kissen. Der bärtige Kopf mit sehr [kr]äftigen Zügen erinnert an Papst Sixtus V. (1585—1590). [D]en Hintergrund füllt eine reiche Säulenarchitektur als [An]deutung eines römischen Bauwerks mit den Figuren [de]r geharnischten päpstlichen Leibwache. Dem knieenden [P]apste erscheint von oben her die allerseligste Jungfrau [M]aria mit dem Kinde, auf Wolken thronend, huldvoll [ni]ederblickend und von Kinderengeln heiter umspielt; das [Chr]istuskind sitzt rittlings auf dem Kniee der hl. Jungfrau.

Die Pilaster zu beiden Seiten des Mittelbildes sind [in] etwas strengerer Architektur, als die der Vorderseite [ge]gliedert. In den Nischen stehen in voller Gestalt die [vie]r Evangelisten mit ihren Symbolen, durch Tafeln be[ze]ichnet: S. Mattheus; S. Marcus; S. Lucas; S. Joannes. [Ue]ber den Pilastern ruhen zwei weibliche allegorische Fi[gu]ren halb bekleidet, mit großen Schwingen, mit je einem [Fl]ügelknaben neben sich, links der Glaube mit dem Kreuz, [beze]ichnet als Fides, rechts die Hoffnung mit dem Anker. [Un]terhalb der Pilaster sind zwei Figuren von Flußgöttern [ange]bracht, bärtige Männer, sitzend hingestreckt, völlig nackt, [link]s bezeichnet als Lupia, rechts als Dimula, also Lippe [un]d Diemel, die beiden größten Flüsse des Paderborner [La]ndes. Beide Figuren halten mit der einen Hand eine [Ur]ne, aus welcher Wasser fließt und mit der andern ein

Füllhorn, an welchem bei der Lupia drei Fische hän
Zwischen den beiden Flußgöttern in der Mitte steht
Gruppe singender, nackter Knaben von übergroßen
portionen. Diese Gruppe hat Eisenhoit im Jahre 1
auch in Kupfer gestochen.

Auf dem Vorlegeblatt des Buches befindet sich
Tuschzeichnung, augenscheinlich von Eisenhoit's Hand.
selbe zeigt das fürstbischöfliche Wappen, von zwei En
gehalten. Auf den drei Helmen desselben wird der H
schmuck, das Kreuz, die bischöfliche Mitra und die K
nebst den Insignien, Schwert und Krummstab von sch
benden Engelknaben getragen.

2. Zwei Einbandsdeckel eines im Jahre 1
auf Pergament gedruckten Kölnischen Meßbuchs (Mis
Coloniense), welche 12½ Zoll hoch und 9½ Zoll
und ebenso, wie die beiden zuerst genannten, aus e
Silberplatte getrieben sowie gerade so befestigt sind,
andere Darstellungen enthalten. Die Vorderseite ent
ein großes Mittelbild in figurenreicher Composition:
Verspeisung des jüdischen Osterlammes, als Symbol des
ten Testament's. Zu beiden Seiten des Mittelbildes in
sterartigen Streifen zwei geflügelte, nackte, weibliche
stalten mit den Wappenschildern derer von Fürstenberg
Paderborn's. Ueber dem Mittelbilde in einem länglic
viereckigen Felde die liegende Gestalt des Frühlings,
gestellt als junges Mädchen mit Blüthenkränzen,
ihr ein Engelsknabe mit Blumen. Auf dem Rande
der Symmetrie wegen doppelt angebrachte Inschrift
(Frühling). Auf den Frühling beziehen sich auch die

den Seiten des Feldes erscheinenden weiblichen, jugendlichen Figuren mit Liebesgöttern. Unter dem Mittelfelde entsprechendes Feld mit der liegenden Gestalt des Sommers, dargestellt als nackter Jüngling von weiblichen Formen, im Aehrenfeld ruhend, neben demselben ein Enkknabe mit einer Garbe und einer kleinen Sichel. Doppelte Inschrift: Aestas (Sommer). Die begleitenden Figuren zu beiden Seiten der Tafel sind nackte Frauen mit Kronen auf dem Haupte, von denen die eine Jemanden Aehren darreicht und die andere eine Sichel hält.

Die Rückseite enthält in einem kreisrunden Mittelfelde Darstellung des hl. Abendmahles, als Symbol des neuen Testamentes. Darüber in ovalem Felde die liegende Gestalt des Herbstes, als Jüngling mit Weinlaub, Sichel und Flasche. Rechts und links die Inschrift: Autumnus (Herbst). Daneben zwei sitzende Gestalten reifer Frauen mit gleichen Attributen. Unter dem Mittelfelde in ovalem Felde die Gestalt des Winters, als alter Mann bei einem Feuer hockend. Rechts und links wieder die Inschrift: Hyems (Winter). Daneben ein alter Mann und eine alte Frau in gebeugter Haltung.

Auf dem pergamentenen Vorlegeblatt des Buches befindet sich eine Tuschzeichnung, augenscheinlich von Eisent's Hand. Auf derselben erscheint links der thronende Papst mit Beischrift: Pontifex, rechts der Kaiser mit Beischrift: Imperator, dazwischen das fürstbischöfliche Wappen mit Beischrift: Princeps. Unter dem Wappen eine symbolische Darstellung, ein Bienenkorb. Auf dem Sockel desselben die Inschrift: Principis clementia (des Fürsten Milde).

In diesen vier Buchdeckeln (Nr. 1 und 2) erweist
die Meisterschaft des großen Künstlers wohl auf das al
glänzendste. Die auf beiden Büchern aufgesetzten Ecken
Beschläge, welche zum Schutze der Platten dienen, ha
keinen bedeutenden Umfang, sind aber von sehr zierli
Arbeit. Der Rücken ist aus neben einander gefügten
durch Charniere verbundenen, sehr kräftigen Silberdrät
in wirksamer und für das Aufschlagen sehr geschickter W
hergestellt.

§. 9.

3. Ein aus Silber theils getriebenes, theils gegosse
Crucifix, welches eine sehr stattliche Größe, nämlich
Höhe von 26 Zoll hat und dessen Querbalken 13½
lang ist, muß in manchen Beziehungen als das Haupt
der ganzen Sammlung angesehen werden und bietet
äußerst merkwürdige Mischung von Formen der Go
und Renaissance dar. Formen, welche uns wie durch
große Kluft von einander geschieden erscheinen. An die
Crucifixe aber haben wir die höchste Entwickelung sel
bewußter Formen der Renaissance und neben densel
ganz folgerichtige Theile gothischer Arbeit, welche so
einander spielen, daß nur ein kunsthistorisch gebildeter
schauer diesen Zwiespalt entdeckt, während in der küns
rischen Wirkung ein Zwiespalt der Formen gar nicht
vortritt.

Der Fuß ist in seiner unteren Ausladung in längli
Form noch auf der Grundlage des gothischen Vierpa
gebildet. Zwischen die vier im Kreuz gegen einander steh

n, fast halbkreisförmigen Ausbuchtungen schieben sich die chtwinkeligen Ecken, die Nasen; aber alle diese Theile ıd deren künstlerischer Schmuck sind in den Formen einer ich entwickelten Renaissance ausgebildet. In den vier elbern des Fußes ist in getriebener Arbeit von höchster ollendung die Schöpfung und der Sündenfall der ersten Ienschen dargestellt, nämlich unter der Rückseite des Kreuzes e Weltschöpfung: Gott Vater theilt Wasser und Land; chts das erste Menschenpaar unter dem Baume der Erınntniß; vorn die Ausstoßung aus dem Paradiese und links dam und Eva mit ihren Kindern nach der Ausstoßung.

Auf der Platte des Fußes befinden sich folgende 6 ngravirte lateinische Inschriften, von denen Nr. 2. 3 und brei Strophen aus dem Hymnus Vexilla regis prodeunt lden; 1. Fili Dei, miserere mei (Sohn Gottes, erbarme dı meiner.) 2. O crux, ave spes unica etc. (Kreuz, einzige ofjnung, sei gegrüßt In dieser heiligen Leidensfrist, Vermehr' n Frommen Gottes Gnad', Und tilg' der Sünder Missenat.) 3) Impleta sunt, quae concinit etc. (Erfüllt ist nun, as David sang, Wovon sein treues Lied erklang, Als den Völkern Kunde gab: Es herrschet Gott vom Holz rab.) 4) Arbor decora et fulgida etc. (O Stamm, weitrahlend, hochbeglückt, Den unsers Königs Purpur schmückt, rwählt, daß er so hell'ge Last, Mit seinen Aesten hält nfaßt!) 5. Sola digna tu fuisti, ferre pretium seculi.)u allein bist würdig gewesen, den Preis der Welt zu ager.) An der Vorderseite steht die Widmungsinschrift: ıeodorus a Furstenbergh, Dei et Apostolicae sedis gratia ectus et confir(matus) Ecclesiae Paderbor(nensis) Episcopus,

sacri Rom(ani) imperii Princeps. 1589. Unter der F[uß]
platte die eingravirte Inschrift des Künstlers: Anton
Eisenhoit Warburgensis fecit.

Der Schaft bauet sich in länglichem Sechseck auf. [Zu]
erst ein Knauf, wie er sich an gothischen Kelchen find[et,]
aber wo dort gewöhnlich die Buchstaben I. H. E. S. U. S,
scheinen hier 6 Masken, vollständig im entwickelten Stile [der]
Hochrenaissance ausgeführt. Darüber als Abschluß [des]
Schaftes eine ganz reguläre sechsseitige Architektur mit
schweiften Spitzbögen, den sog. Eselsrücken, den Thürmch[en,]
Fialen und allem, was dazugehört, wie das am Ende [der]
gothischen Kunstperiode (um 1500) gewöhnlich gebil[det]
wurde. Dagegen sind die Figürchen, welche in den du[rch]
die Architektur hergestellten sechs Nischen stehen, vier En[gel]
mit den Marterwerkzeugen und Christus zwischen z[wei]
Kriegsknechten, wieder in den Formen der späteren Renaissa[nce]
geschaffen. Der letztern Darstellung gegenüber, auf [der]
Rückseite, ist ein gegossenes Medaillon in Cartouche-Rahm[en]
eingelassen, welches die Büste des Fürstbischofs Theo[dor]
ohne geistliche Abzeichen mit der latein. Inschrift zei[gt:]
„Theodor von Gottes Gnaden erwählter und bestätigt[er]
(Bischof) „der Paderb. Kirche." Da Theodor erst am [5.]
Juli 1589 die bischöfliche Weihe erhielt, so fällt die [An]
fertigung des Medaillons zwischen diesen Tag und den [6.]
Sept. 1585, wo seine Wahl vom Papste bestätigt w[urde.]
Die Rückseite des ursprünglich nicht zu diesem Zwecke [ge]
gossenen Medaillons, welche nicht sichtbar und halb verlöt[et]
ist, enthielt Theodor's Wappen und einen nicht ganz m[ehr]
sichtbaren Sinnspruch: concord .... abilis.

Das Kreuz selbst ist wiederum ganz in gothischen Formen ausgeführt; jeder der vier Arme hat am Ende eine Vierpasse gebildete, durchbrochene Rosette mit reich geseltem gothischem Laubwerke, welches die Symbole der Evangelisten umschließt. Die vier Arme sind an beiden …en mit durchbrochenen, gothisch gedachten, aber in Renanceformen ausgeführten Kämmen eingefaßt, die Flächen Arme mit Gravirungen ausgestattet und zwar alle vier Rückseite sowie die untere, größtentheils vom Corpus …dte der Vorderseite mit zierlichen Arabesken der Renance; die drei übrigen Arme der Vorderseite dagegen …n reguläres gothisches Maßwerk. — Das Corpus, 3. hoch u. 5⅖ 3. in der Armspannung breit, ist von …ter Schönheit und mit der größten Vollendung hergestellt.

„Es ist in seinem Verständniß der Form, in Adel der …enführung und ergreifender Tiefe des Ausdrucks ein …sterwerk." (Lübke.)

Das Kreuz kann aus dem Fuße herausgenommen als Vortragekreuz gebraucht werden.

§. 10.

Die merkwürdige Mischung von Formen zweier Stiln, welche wir bei unserm Kreuze nachgewiesen haben, … nur durch die Annahme genügend erklärt werden, der Meister ein älteres Crucifix seiner Arbeit zu Grunde …gt hat, und ein solches ist in der Altstädter Kirche seines …urts- und Wohnorts noch vorhanden, welches dieselbe …dehnung in der Höhe wie in der Breite und dieselben …ndformen im Fuße, Schafte, Knaufe und im eigent-

lichen Kreuze hat; denn der Fuß ist in länglicher Fo
auf der Grundlage des gothischen Vierpasses gebildet
denselben Nasen, dann der Knauf von derselben Form,
sie oben gezeichnet ist, darauf die reguläre sechsseitige Ar
tektur mit Figürchen, endlich das Kreuz mit einem La
werk enthaltenen Vierpasse, worin die Symbole der
Evangelisten, an jedem Ende; selbst das gothische Maßw
auf den Flächen der drei obern Kreuzesarme, Alles ge
so, wie beim Herdringer Crucifixe, aber im spätgothisc
Stile geschaffen. In der vordern Nische am Schafte st
die heil. Jungfrau mit dem Kinde, welcher die Altstäd
Kirche geweihet ist, ein Beweis, daß das Werk für d
Kirche gleich anfangs bestimmt wurde.

 Aber wann ist's geschaffen? Allem Anschein nach
gesähr ein Jahrhundert früher, als das Herdringer; a
sicher ist es kein Werk A. Eisenhoit's, von dessen Ku
sertigkeit an dem ganzen Crucifixe auch nicht die gering
Spur zu entdecken ist. Das Corpus, alle Heiligen=Figür
mit der ganzen Architektur, sowie die Kämme auf bei
Seiten der Kreuzesarme, selbst das Maßwerk an den
obern, mit Reliquien angefüllten, Armen sind gegossen
ziemlich roh behandelt, nur die Bilder der vier Evan
listen, welche auf den kupfernen Fuß genietet sind, ansc
nend in späterer Zeit, sind getrieben, aber in un
holfener Weise. Das Haupt des Erlösers ist nicht so
gesenkt, wie am Herdringer Crucifixe, und von
kreisförmigen Nimbus mit den drei Strahlen umgeb
welcher dort ganz fehlt. Statt der rechteckigen, länglichen T
mit den latein. Buchstaben I. N. R. I. des Herdringer, für

b) hier ein zweimal gebogenes Spruchband, welches jedoch dieselbe Buchstaben in derselben Form enthält.

c. Man hat vermuthet, dieses Altstädter Kreuz sei dasselbe, welches im J. 1471 der Mainzer Weihbischof Hermann von Gehrden dem Dominicanerkloster zu Warburg schenkte;*) aber diese Vermuthung stellt sich als unbegründet und falsch heraus; denn nach der sichern Mittheilung eines hochgestellten Geistlichen wurde von ihm um das J. 1838 in der Rumpelkammer des im Dominicaner-Kloster wohnenden Caplans Blome ein altes silbernes Crucifix entdeckt, welches mit dem in der Altstädter Kirche befindlichen gleiche Größe und eine auffallende Aehnlichkeit hatte, aber weniger fein gearbeitet und nicht so reich verziert war. Blome, der geglaubt hatte, es sei aus Zinn gegossen, erklärte, daß es früher den Dominicanern daselbst gehört habe. Nicht lange nach dem J. 1839 wurde es, obgleich die geistliche Behörde von der Wiederauffindung desselben gleich in Kenntniß gesetzt war, wahrscheinlich ohne deren Genehmigung, an einen Goldarbeiter verkauft, in dessen Schmelztiegel es bald darauf seinen Untergang wird gefunden haben.

Alles das zusammen genommen, dürfte die Ansicht als sicher erscheinen lassen, daß a) das eingeschmolzene Crucifix dasjenige war, welches im J. 1471 dem Dom.-Kloster ge-

---

*) P. Conrad Gerold, der im J. 1600 zu Warburg starb, berichtet in seiner Geschichte des dortigen Dominicaner-Klosters von Weihbischofe Hermann: Superest adhuc crux argentea insignis, quam a. 1471 in die inv. s. crucis .. ipsemet consecravit cum impositione reliquiarum ... quam conventui donavit. Vergl. Zeitschr. des Vereins f. Gesch. u. Alterth. Westf. Bd. 35, 2. S. 97.

schenkt wurde, daß b) dieses Kreuz einige Zeit nachh
vielleicht 2—3 Jahrzehnte später, für die Altstädter Kir
nachgebildet, aber reicher verziert wurde und daß
gegen 100 Jahre später A. Eisenhoit eins von beiden ol
beide bei der Ausführung des Herdringer Crucifixes zu Grun
legte und letzteres mit dem prachtvollen Schmucke in 9
naissanceformen in wundersamer, künstlerischer Weise au
stattete.

§. 11.

4. Ein aus Silber, theils getriebener, theils gego
ner Kelch von edler Form, reicher Gliederung und Au
schmückung, und von 9½ Zoll Höhe, dessen Fuß ein
Durchmesser von 6¾ Zoll hat. Der Fuß ist im Sec
paß gebildet, reich getrieben mit sechs runden Medaillo
mit symbolischen Beziehungen auf das heilige Altarsacr
ment. Dieselben stellen dar: a) Das Opfer Abraham
mit der Inschrift: „Und er streckte seine Hand aus, u
seinen Sohn zu opfern." Gen. 22. b) Das Osterlam
mit der Inschrift: „Es soll aber ein Lamm sein, e
Männlein einjährig." Exod. 12. c) Das Sammeln d
Mannah mit der Inschrift: „Siehe, ich will euch Br
vom Himmel regnen." Exod. 16. d) Moses, Wasser a
dem Felsen schlagend, mit der Inschrift: „Du sollst d
Felsen schlagen und es wird Wasser heraus fließen." Exod. 1
e) Die ehrene Schlange mit der Inschrift: „Wer gebissen
und sie ansieht, soll leben." Num. 21. f) Jonas v
dem Wallfische ausgespieen, das bekannte Symbol für d
Auferstehung Christi, mit der Inschrift: „Aus dem Bauc

r Hölle (des Fisches) rief ich und du hast erhört meine timme." Jon. 2. Am untern Rande des Kelches die blische Inschrift: „Ich habe kein Gefallen an euch, spricht r Herr der Heerschaaren, und nehme kein Opfer an von ren Händen; denn vom Aufgange der Sonne bis zum ntergange wird mein Name groß werden unter den Völkern d an allen Orten wird meinem Namen geopfert und n reines Opfer dargebracht werden; denn groß wird mein ame werden unter den Völkern, spricht der Herr der Heer= aaren." Mal. 1.

Zwischen den Medaillons sind aufsteigende Nasen mit henden weiblichen Figuren, von denen je zwei in gleicher altung sich gegenüber stehen. Der Knauf ist in ruhiger rchitektur zu sechs Baldachin=Nischen ausgebildet, in welchen h weibliche Figuren mit antiken Gewändern, ohne weitere ttribute befinden, von einem Rahmenwerk in Voluten und rollten Bändern umgeben, das durch Rubine und Smaragde ch mehr Glanz erhält. An der tulpenförmigen Kuppe latein. Sprache die Inschrift: „O Jesus Christus, Sohn ottes, erbarme dich meiner, den Du mit Deinem köstlichen lute erlöset hast." Unter dem Fuße ist dieselbe Inschrift ie bei Nr. 3. (Theodorus etc.) eingravirt, sowie der ame des Künstlers. Am Knaufe: Anno Dom. 1589. nnen am Fuße, als Schluß der Schraube eine runde edaille mit dem Wappen und der Inschrift: Theodorus . G. elect. et confirm. eccles. Paderb.

§. 12.

5. Ein Weihwasser=Kessel mit einem Sprengwedel, ide aus Silber getrieben, von denen jener 6 Zoll, dieser

14 Zoll hoch ist und jener 10 Z., dieser 3½ Z. im Durchmesser hat. Der Kessel ist von cylindrischer Form mit engerem Ringfuß. Der Mantel besteht aus vier Platten, deren Verbindungen durch Stäbe und aufgesetzte Rosetten bezeichnet sind. Der Boden ist von unten her getrieben und an den Mantel angenietet. Auf dem Boden ist in figurenreicher Composition dargestellt der Durchzug durch das rothe Meer mit der latein. Inschrift: „Ich will euch nicht vorenthalten, Brüder, daß unsere Väter alle unter der Wolke waren und durch das Meer gingen, und alle durch Moses in der Wolke und in dem Meere getauft wurden. Dies ist uns zum Vorbilde geschehen." I. Corinth. 10.

Auf dem Mantel: 1) Die Taufe Christi mit der Inschrift: „Und siehe, eine Stimme vom Himmel sprach: Dieser ist mein geliebter Sohn, an welchem ich Wohlgefallen habe." Matth. Kap. 3. 2) Christus und die Samariterin mit der Inschrift: „Jeder, der von diesem Wasser trinkt, den durstet wieder; wer aber von dem Wasser trinken wird, das ich ihm geben werde, den wird nicht mehr dursten in Ewigkeit." Joh. Kap. 4. 3) Christus und Petrus auf dem Meere mit der Inschrift: „Da Petrus anfing zu sinken, rief er und sprach: Herr hilf mir! Und Jesus streckte alsbald seine Hand aus und ergriff ihn." Matth. Kap. 14. 4) Philippus und der Mohrenkämmerer mit der Inschrift: „Und er ließ den Wagen halten, und sie stiegen beide hinab in's Wasser, Philippus und der Kämmerer, und er taufte ihn." Apostelgesch. 8. — Die hier gegebenen sowie alle übrigen auf den Geräthschaften angebrachten

ellen aus der heil. Schrift, sind nach der Vulgata in
: ein. Sprache gegeben.

Der Bügel ist in zwei stehenden Ansatzstücken einge-
nnt, welche gegossen und mit weiblichen Halbfiguren und
a fürstbischöflichen Wappen geschmückt sind. Darauf
Inschrift: Asperges me etc. (Du wirst mich be-
engen, o Herr, mit dem Ysop und ich werde rein werden.
: wirst mich waschen und ich werde weißer strahlen, als
Schnee.) Ferner die Inschrift des Künstlers wie auf
. 4.

Ein ganz besonderes Meisterwerk ist auch der zum
Sel gehörende Sprengwendel in der Form eines scepter-
igen Stabes mit großem, leicht durchbrochenem Apfel,
in der Mitte auseinander genommen werden kann.
ı Innern befindet sich ein Schwamm. Der Schaft ist
seinem untern Handgriffe einfach genarbt, oben orna-
atirt mit vier stehenden Figuren, von denen die eine
lig nackt ist; die andern in idealem antiken Costüme
inen keine sinnbildliche Bedeutung zu haben. Der ganze
rengwedel ist von edelster Durchbildung der Form.

§. 13.

6. Ein aus Silber gegossenes, 8³/₄ Z. hohes Rauch-
. Der Fuß und das Gefäß sind aus dem Sechspaß
ildet. Der Deckel ist in reich gegliederter, spätgothischer
hitectur ausgeführt. Die Ausbildung der Thurmspitzen
Rosettenformen zeigt deutlich, daß dieses Rauchfaß in
r Zeit gemacht ist, in welcher die gothischen Formen
t mehr geübt wurden. Die Gravirungen am Fuße mit ihren

völlig im Stil der Spät-Renaissance ausgebildeten Arabes
entsprechen durchaus den Gravirungen auf dem Eisenhoit'sc
Cruzifix, ebenso auch wie die gothischen Formen den t
angewendeten. Unter dem Fuße ist das fürstbischöfl
Wappen eingravirt. Es ist jedoch trotz dem nicht g
sicher, daß auch dieses Rauchfaß zu den von Eisenhoit
den Fürstbischof Theodor angefertigten Stücken gehört.

Eine Abbildung davon wurde schon im Jahre 18
im „Organ für christl. Kunst" (IX. 3.) gegeben, wo d
über gesagt wird: „Dieses interessante, mustergül
Rauchgefäß, in Silber äußerst zierlich gearbeitet, das
vor dem republikanischen Schmelztiegel bis zur Stunde
Schloß Herdringen wohlerhalten gerettet hat, repräsen
sowohl in seinen Dimensionen, als auch in seinen reid
Formen drei verschiedene Kunstepochen. Die untere Hä
erinnert noch entfernt in ihrer rundlichen kleinen Ausbauch
an die Kugelform der romanischen Kunstepoche. Auch v
Höhen- und Breiten-Verhältnisse betrifft, so steht das v
liegende Gefäß den gefälligen Formbildungen romanis
Rauchfässer ziemlich nahe. Der volle Einfluß der Got
ist nicht nur zunächst ausgesprochen in dem sechseckig construir
Fußtheile, sondern mehr noch in dem architectonisch r
im Sechseck gegliederten Aufsatze (Helm)." „Das vorliege
formschöne Gefäß gehört der reich entwickelten Gothik
sogenannten französisirenden Flamboyante-Stils an. J
für zeugen die eigenthümlich formirten und über Eck
stellten Widerlagspfeiler, die im sogenannten Eselsrüc
überhöhten Ziergiebel über den Fensterstellungen, desgleid
auch die einzelnen Durchbrechungen auf den Bedachun

chen in den bekannten Formationen des Frauenschuhes. ⸗le Renaissance ist endlich auffallend vertreten nicht nur dem zu breiten Knaufe, der den obern Helm abschließt, ndern auch in den abgerundeten profilirten Köpfchen, mit gegen alle Regeln der Gothik die Fialen in ihrer rjüngung nach oben gestört und unförmlich abge⸗ lassen sind. Auch die vielen auf dem untern Fußtheile gravirten Ornamente, desgleichen die Gravuren auf der tern Bauchung lassen sehr deutlich den Durchbruch der lienischen Renaissance auf deutschem Boden erkennen. . ese fremdartigen Details an einem und demselben Ge⸗ ze in unmittelbarer Verbindung mit den strengeren Formen ; älteren abgethanen Stils lassen die Conjectur zu, daß ; in Rede stehende Rauchgefäß in seinen wesentlichen undformen eine genaue Copie eines älteren Rauchfasses . das gegen Mitte (Ende) des 16. Jahrhunderts in den ramentalen Zuthaten der fast um hundert Jahre jüngeren rmbildungen der damals herrschenden Renaissance seine itstehung gefunden habe."

„Schließlich unterlassen wir es nicht, ausführenden eistern von liturgischen Gefäßen vorliegendes thuribulum seinen Dimensionen, sowie in seinen Grundformen als ustervorlage anzuempfehlen. Es dürften jedoch bei der rarbeitung des vorliegenden Modells die sechs abgeschnitte⸗ ı Fialen nach oben hin eine leichtere Verjüngung erfahren. ch die Spitzen an den unteren sechs Ausladungen der rebepfeiler in Form von kleinen Thürmchen könnten eckmäßig umgangen werden, und statt dieser untern iken, in denen beim Gebrauche sich zu leicht die Ketten verwickeln, dürften alsdann durch einfache Laub-Ornamente in Weise eines glatten Consölchens umgebildet werden."

§. 14.

Der Königl. Preuß. „Staats-Anzeiger" brachte in Nr. 181, 1879) über die besprochenen sechs ausgezeichneten Kunstgegenstände folgenden Bericht:

„Während in den Formen der Geräthe, vor Allem in dem als reichgegliederte gothische Architektur mit zierlichen Fialen und Strebepfeilern, mit Thürmchen und Spitzbögen gestalteten Räuchergefäß, in dem Fuß des Kelches mit seinen aus sechs gegiebelten Nischen bestehenden Knauf und in dem durchaus verwandten reichen und prächtigen Aufbau des Kruzifixes sowie in dem ihn in allen Theilen schmückenden und umrahmenden ornamentalen Detail sich die in der kirchlichen Kunst noch immer fortlebenden späten Nachwirkungen des gothischen Stils in interessantester Weise zur Geltung bringen, herrscht in der neben biblischen Scenen der mannigfachsten Art eine Fülle allegorischer und kirchengeschichtlicher Einzelgestalten umfassenden figürlichen Decoration sowie in dem die verschiedenen Felder trennenden und umrahmenden ornamentalen Beiwerk die höchste Schönheit und Freiheit einer ebenso edlen als schwungvollen Renaissance. Mit unübertrefflicher, rhythmisch bewegter Gliederung der Massen verbindet sich die graziöseste Feinheit des Details, mit einer wahrhaft großartigen, maßvollen Ruhe und Vornehmheit der Auffassung eine tief eindringende, lebendige Schärfe der Charakteristik, mit einem erstaunlichen, üppig quellenden Reichthum der Erfindung eine nicht minder wundernswerthe Gewissenhaftigkeit und Delikatesse der urchführung. In jeder Linie verräth sich ein Meister, der and und Auge an den herrlichsten Werken der italienischen unst gebildet hat, der dabei jede Schwierigkeit der Technik ielend zu bewältigen weiß, keineswegs aber mit einer haltleeren Virtuosität zu prunken sucht. Nur hier und : bemerkt der Beschauer neben einer so seltenen Vollendung ıch die Spuren einer sich bereits leise ankündenden Manieriheit, die indeß den Eindruck des Ganzen kaum zu beinträchtigen vermögen."

„Es fällt schwer, unter den ausgestellten Stücken das ne oder das andere als das gelungenste namhaft machen : sollen. In den acht runden Reliefs mit Scenen aus r alttestamentarischen Geschichte, die den Fuß des silberrgoldeten Kelches schmücken, vereinigen sich die größten instlerischen Vorzüge und doch werden sie von den vier alen Flachreliefs übertroffen, die sich um den breiten and des Weihwasserkessels schlingen und in der Taufe hristi, dem Gespräch mit der Samariterin am Brunnen, n Jüngern auf dem Meere und der Begegnung des Apostels hilippus mit dem nach der Taufe verlangenden äthiopischen ämmerer, vier mit geistreicher Rücksicht auf die Bestimmung es geschmückten Geräths ausgewählte Darstellungen bieten, on denen namentlich die an zweiter Stelle genannte durch ieisterhafte Anordnung und durch schlichte Einfachheit des usdrucks fesselt. Das zu diesem Kessel gehörige Aspergill, ssen Schaft in flachstem Relief allegorische Figuren zeigt, ährend der kugelförmige Kopf auf gravirtem Grunde mit n zierlichsten Rosetten besetzt ist, steht in seiner reizvollen

Decoration den übrigen Stücken vollauf ebenbürtig zur
Seite, vermag jedoch in seiner besonderen Eigenart nicht
entfernt die mächtige Wirkung der beiden aus je zwei außer-
ordentlich geschickt verbundenen Reliefplatten zusammenge-
fügten Bucheinbände zu erzielen. Der eine derselben zeigt
auf der vorderen Platte, unterhalb des von kühn bewegten
geflügelten Genien gehaltenen Titelschildes und oberhalb
des ähnlich arrangirten Fürstbischöflichen Wappens als
Hauptschild die von den Figuren der Kirchenväter umgebene
grandiose Gestalt des Hohenpriesters Aaron, und dieser ent-
spricht auf der anderen Platte der inmitten der vier Evangelisten kniend dargestellte Papst, zu dessen Füßen, eine
Gruppe singender Engelknaben einfassend, die allegorischen
Gestalten der Lippe und der Diemel, der beiden Flüsse des
Gebiets von Paderborn, ruhen, während oberhalb des Mittel-
feldes die auf Wolken thronende, von Engeln umschwebte
Madonna erscheint. Ebenso repräsentirt der zweite noch
stattlichere Einband das Alte und das Neue Testament durch
die figurenreichen und bis in jedes Detail charakteristisch
durchgeführten Darstellungen der Einsetzung des Passah-
festes und des Abendmahls, zu denen die als Umrahmungen
der beiden mittleren Felder angebrachten, ganz und gar
von dem heiter sinnlichen, lebensfrohen Geist der Renaissance
erfüllten, anmuthigen und phantasievollen Allegorien der
vier Jahreszeiten einen ebenso eigenthümlichen wie für die
Richtung der Zeit, der dieses Werk entstammt, in hohem
Grade bezeichnenden Gegensatz bilden."

„Die Meisterschaft des unserer Kenntniß bis zum
Augenblick entrückt gewesenen Künstlers tritt hier durch

sichere Beherrschung der über breite Flächen sich aus-
nenden geistvollen Komposition, durch den Reichthum
immer neuen, gleich anziehenden Motiven, durch die
nnigfaltigkeit des Ausdrucks und der Bewegung, durch
noblen Wurf der Gewänder und die fein empfundene,
nsvolle Modellirung des Nackten, in der allergünstig-
 Weise zu Tage. Trotzdem aber scheint seine Bedeu-
g fast noch zu wachsen, wenn man schließlich das große
tzifix mit der mit wundervoller Vollendung modellirten
talt des Gekreuzigten und die, gleich den sämmtlichen
her erwähnten, in Silber getriebenen und durch die gleiche
olle Behandlung des Reliefs ausgezeichneten Medaillons
achtet, die sich über den breit ausladenden Fuß des
tlichen Kreuzes hinbreiten. Das eine von ihnen zeigt
 Gestalt Gott Vaters, des Schöpfers, der über das
sser dahinschwebt und aus ihm ein mannigfaltiges Leben
eckt, während die drei anderen die Geschichte des Sünden-
s vorführen und vor Allem in den eben die Hand nach
 verbotenen Frucht ausstreckenden Figuren des ersten
nschenpaars eine so keusche Einfachheit der Auffassung
 einen so hohen Adel der Bewegung und Formengebung
men, daß man in dem Kreise verwandter Werke der
inplastik vergeblich nach einer Arbeit sucht, die sich mit
 hier vorhandenen künstlerischen Vollendung auch nur
tähernd vergleichen ließe."

§. 15.

"Von Eisenhoit's gedachten (sechs) Werken," sagt Prof.
J. Lessing, "können wir nichts Geringeres aussagen,

als daß sie mit zum Allerbesten gehören, was jemals in Goldschmiedearbeit hervorgebracht ist, ja daß überhaupt nur sehr wenige Arbeiten in dem bisher bekannten Vorrath an Kunstwerken innerhalb der gebildeten Welt vorhanden sind, welche als höher stehend bezeichnet werden könnten. Wir müssen diese Werke als einen wichtigen Zuwachs für unsern nationalen Kunstbesitz ansehen."

Nach diesen Urtheilen ausgezeichneter Kunstkenner war Anton Eisenhoit ein Meister, auf welchen nicht allein seine Vaterstadt Warburg, sondern ganz Westfalen stolz sein kann, und ich hoffe und wünsche deshalb, daß das Werk, dem das Vorstehende theilweise entnommen ist, und in welchem zum ersten Male die Werke Eisenhoit's beschrieben und abgebildet sind, namentlich in Westfalen eine große Verbreitung finde. Der Titel lautet: „Die Silberarbeiten von Anton Eisenhoit aus Warburg im Besitze des Grafen von Fürstenberg-Herdringen. Herausgegeben von Prof. Dr. Jul. Lessing, Director der Sammlung des Kunstgewerbe Museums zu Berlin. 14 Blatt (36 Abbildungen.) Folio Format in Mappe. Preis 30 Mark. Verlag von Paul Bette in Berlin, (Kronenstr. 37.)"

Die Abbildungen enthalten eine Fülle des herrlichsten figürlichen und ornamentalen Schmuckes, welcher einen theils kirchlichen, theils weltlichen Charakter trägt, so daß dieses Werk nicht nur ein wichtiges Moment für die Geschichte der deutschen Kunst abgibt, sondern auch den Kunstgewerbe treibenden ein ganz unvergleichliches Material an edlen decorativen Formen bietet.

Daher erlaube ich mir, dieses Werk dem hohen Adel, n hochw. Clerus, den Vorstehern der höhern Lehranstten, den Kunsthandwerkern, sowie allen Bewohnern estfalens, welche Sinn für wahre Kunst, Liebe zur Heith und — 10 Thaler übrig haben, auf's Angelegentlichste empfehlen. Da aber manchem Kunstfreunde, 30 Mark ein Buch auszugeben, seine Verhältnisse nicht gestatten, ist durch dieses Büchlein auch dem minder wohlhabenden möglich gemacht, mit den kunstvollen Werken des „neu deckten westfälischen Großmeisters des deutschen Kunstgerbes" wenigstens einigermaßen sich bekannt zu machen.

„Es wird nun vor Allem unsere Aufgabe sein," sagt Lessing, „den Spuren dieses kunstreichen Meisters weiter bzugehen, eines Mannes, dessen Wirken, wenn wir auch ter nichts von ihm erfahren, als das bisher Aufsinde, fortan ein glänzender Ruhmestitel in dem nstleben unseres Volkes sein und bleiben wird."

Daran gestatte ich mir eine dringende Bitte zu knüpfen. unterliegt keinem Zweifel, daß der hochbegabte Warger Meister viel mehr Kunstwerke geschaffen hat, als hier besprochenen sechs Stück, welche ihn endlich aus er Dunkelheit hervorgezogen und zu Ehren gebracht en. Viele seiner Kunstschöpfungen mögen in den drei orhunderten, welche ihn von uns trennen, in den „repuaulischen Schmelztiegel" gewandert sein, aber manche ere stehen sicher noch unbeachtet und ungeachtet zwischen n Silbersachen in kirchlichen oder adeligen Schatzkammern r in den Schränken wohlhabender Bürger. Möge daher er, der solche besitzt oder dem sie irgendwo in die Augen fallen, sorgfältig nachsehen, ob nicht auf dem einem o[der] andern Stücke Eisenhoit's Name zu finden ist, und, w[o] das der Fall ist, mir oder in der ersten besten Zeitu[ng] davon kurze Mittheilung machen. Es wäre eine Schm[ach] für ganz Westfalen, wenn ein Werk unseres ausgezeichne[ten] Meisters noch in unsern Tagen verschleudert oder gar e[in-] geschmolzen würde.

A. Eisenhoit hat nämlich außer den bisher bespr[oche-] nen kirchlichen Arbeiten nach Angabe der „Tagebüch[er] Caspar's von Fürstenberg" für diesen bis 1598 auch mehr[e] Gefäße zu profanen Zwecken, namentlich einen Pocal [in] Form eines Adlers angefertigt, die leicht noch irgend[wo] in der Verborgenheit stehen können. Endlich machte un[ser] Künstler für den genannten Herrn auch einen Entwurf [zu] einem Brautteppich, woraus hervorgeht, daß er nicht b[loß] als der Ausführer fremder Entwürfe angesehen werd[en] darf, sondern auch als erfindender Meister auftritt.

Zum Schlusse möge hier das Urtheil Platz find[en,] welches einer unserer ausgezeichnetsten Kunstkenner, [der] aus Dortmund stammende Prof. Dr. Wilh. v. Lübke [in] Stuttgart, über seinen kunstreichen Landsmann und de[ssen] Schöpfungen unlängst veröffentlicht hat.*) „Der Goldschm[ied] und Kupferstecher A. Eisenhoit", sagt Lübke, „der plötzlich [mit] einer ganzen Reihe von Goldschmiedarbeiten vor uns h[in-] tritt, welche zu den glänzendsten und vollendetsten Schöpfung[en] der gesammten Renaissance gehören, muß unbedenklich [zu] den größten Meistern derselben gezählt werden. Se[ine]

---

*) In der Augsburger „Allgemeinen Zeitung", 1880, Beilage Nr. [...]

…tichelarbeiten sind von sehr verschiedenem Werthe, … Theil von geringer Bedeutung, andere freilich von … künstlerischer Feinheit und technischer Vollendung, so … man den Meister der Silberarbeiten sofort wiederer-… welche seinen eigentlichen Ruhmestitel bilden."

„Am wahrscheinlichsten dünkt es uns, daß Eisenhoit … seine Lehrjahre als Goldschmied abgehalten und … in seinen Wanderjahren nach Nürnberg gekommen …ag, weil dort in jener Zeit noch immer die hohe … für solche künstlerische Arbeit war. Die technische …endung, welche seine Arbeiten aufweisen, dürfte er kaum …wo sich angeeignet haben. Auch läßt sich in der …lischen Behandlung seiner Werke manche Uebereinstimmung mit den Schöpfungen der großen Nürnberger …schmiede nachweisen. Namentlich gehört dahin die …iebe für eine mit miniaturhafter Vollendung durchge-…te reiche Ornamentik, die aus figürlichen Elementen, …bwerk mit Blumen und Früchten und der Spätrenaissance …nen Cartouchen und andern linearen Mustern zusammen …bt ist. Worin er aber sämmtliche Nürnberger und …brigen deutschen Zeitgenossen weit überragt, das ist …große Styl seiner figürlichen Compositionen, die freie …lerische Phantasie, mit der er diese zur Hauptsache in …n Darstellungen macht und das ornamentale Beiwerk … unterordnet; nicht minder auch die vornehme Einheit in Linienzug, Aufbau und Gliederung seiner Werke. … der Künstler diesen großen Styl gewonnen hat, kann …uns kein Zweifel sein; denn seit 1576 etwa finden wir …in Rom."

Von dem Rauchfasse sagt Lübke: „Dieses ziemlich und handwerklich ausgeführte Werk vermögen wir in nicht demselben Meister zuzuschreiben" und fährt dann fo „Alle übrigen Werke, wie gesagt, stellen unsern Meister die Reihe der ersten Künstler seiner Zeit, und alles in diesen Arbeiten so sinnvoll und planmäßig du dacht ist, so sind wir geneigt, ihn auch als den Erfin! der Compositionen in Anspruch zu nehmen."

Mögen diese Blätter dazu beitragen, den Ruhm großen westfälischen Künstlers weiter zu verbreiten, n andere seiner kunstreichen Schöpfungen an's Licht zu zie und den Sinn für Kunst im „Lande der rothen Erde" wecken und zu heben!